AF319010

UNIVERSITÉ DE FRANCE.

ACADÉMIE DE STRASBOURG.

THÈSE
POUR LA LICENCE,

PRÉSENTÉE

A LA FACULTÉ DE DROIT DE STRASBOURG

ET SOUTENUE PUBLIQUEMENT

le Samedi 14 Février 1852, à midi,

PAR

ARMAND FUCHS,

de Molsheim (Bas-Rhin).

STRASBOURG,

DE L'IMPRIMERIE D'ÉDOUARD HUDER, RUE DES VEAUX, 27.

1852.

A MON PÈRE.

A MA MÈRE.

ARMAND FUCHS.

FACULTÉ DE DROIT DE STRASBOURG.

MM. **Aubry** ✳ . . . . . . doyen et professeur de Droit civil français.
Rauter ✳ . . . . . doyen honoraire et professeur de procédure
civile et de législation criminelle.
Hepp ✳ . . . . . . professeur de Droit des gens.
Heimburger . . . . professeur de Droit romain.
Thieriet ✳ . . . . . professeur de Droit commercial.
Schützenberger ✳ . professeur de Droit administratif.
Rau ✳ . . . . professeur de Droit civil français.
Eschbach . . . . . professeur de Droit civil français.

Blœchel ✳ . . . . . professeur honoraire.

Destrais . . . . . . professeur suppléant.
Luquiau . . . . . . professeur suppléant.

Bécourt, officier de l'Université, secrétaire, agent comptable.

MM. **Rauter**, président de la thèse.

Rauter,
Hepp,
Heimburger,
Luquiau; } examinateurs.

La Faculté n'entend approuver ni désapprouver les opinions particulières au candidat.

DROIT CIVIL FRANÇAIS.

DE L'INTERPRÉTATION DES LOIS CIVILES

ET DE LEUR APPLICATION.

Introduction.

Interpréter, c'est expliquer une disposition qui paraît obscure ou ambiguë.

L'interprétation de la loi n'appartient qu'au législateur ; *ejus est legem interpretari cujus est legem condere.*

L'interprétation *législative* constitue seule l'interprétation de la loi : ce que l'on appelle ordinairement interprétation *authentique* ou *judiciaire*, constitue plutôt *l'application de la loi.*

Aussi c'est ce dernier mode d'interprétation qu'avait en vue M. Demolombe, quand il disait :

«C'est une œuvre de raisonnement et de logique, mais aussi de dis-

«cernement et de bon sens, de sagesse et d'expérience; l'interpréta-
«tion des lois, c'est la science elle-même tout entière, c'est le grand et
«difficile problème dont la connaissance fait le jurisconsulte vraiment
«digne de ce nom.» (Cours de C. civ., t. Ier, n° 116.)

On distingue généralement trois espèces d'interprétations :

1° L'interprétation *législative* entraînant obligation générale; 2° l'interprétation *judiciaire* (*interpretatio usualis*), produisant obligation pour
certaines parties et pour certains cas déterminés; et 3° l'interprétation *doctrinale* qui ne produit aucune obligation. Nous n'admettrons
de cette division que les deux premières parties. En effet, toute interprétation est nécessairement doctrinale et ne peut être affranchie
quant à l'art d'interpréter des règles de la doctrine. Quant aux interprétations législative et judiciaire, ce sont les seules divisions que
l'on peut adopter, comme nous allons essayer de le démontrer.

CHAPITRE PREMIER.

DE L'INTERPRÉTATION LÉGISLATIVE.

En France, les rois s'étaient toujours réservé l'interprétation de
leurs ordonnances.

L'ordonnance de 1667 sanctionnait ce principe de droit public, en
permettant aux cours de justice de faire au roi, en tout temps, des
représentations sur ce qu'elles jugeront à propos, sans que, sous ce
prétexte, l'exécution de la loi puisse être arrêtée (voir Ord., titre Ier,
art. 3).

L'art 7 du même titre est plus explicite encore; il porte que, si dans le jugement des procès qui seront pendants aux parlements ou autres cours, il survient quelque doute ou difficulté sur l'exécution de quelques articles des ordonnances, édits, déclarations et lettres patentes, *Sa Majesté défend aux cours de les interpréter* et veut qu'en ce cas elles aient à se retirer par devers elle, pour apprendre son intention.

Sous l'empire de nos constitutions modernes, on a de nouveau proclamé ce principe que l'interprétation de la loi n'appartient qu'au souverain.

Ainsi la loi du 24 août 1790 (art. 12, tit. 2) enjoint aux juges de s'adresser au *Corps législatif,* toutes les fois qu'ils croiraient nécessaire, soit *d'interpréter une loi,* soit d'en faire une nouvelle.

Il aurait pu arriver que le juge refusât de juger à vue d'une loi qu'il lui était défendu d'interpréter, et que le procès à lui soumis restât en suspens jusqu'après l'interprétation législative obtenue; le Code civil a prévu le cas, art. IV, quand il dit : «Le juge qui refusera «de juger sous prétexte du silence, de l'obscurité ou de l'insuffisance «de la loi, pourra être poursuivi comme coupable de déni de justice.»

Comme on le voit, cet article impose textuellement aux juges un devoir qui ressort de la nature même des fonctions qu'ils exercent. Il arrête ces questions indiscrètes, que des tribunaux adressaient au Corps législatif, sous prétexte que la loi était muette ou obscure. La réponse aurait le caractère d'une loi ou d'un jugement. Sous le premier point de vue, son application à un fait antérieur tomberait dans le vice de la rétroactivité; sous le second point de vue, le Corps législatif rendrait un jugement. Il confondrait par cet acte le pouvoir législatif et le pouvoir judiciaire qui doivent essentiellement être distincts et séparés.

Notre intention n'est point de suivre pas à pas les diverses modifications apportées par la loi moderne à l'interprétation réglementaire des lois en général.

Ce qu'on peut affirmer, c'est que toutes ces modifications sont basées sur la règle : *«Ejus est legem interpretari cujus est condere.»*

4

Ainsi la loi du 27 ventôse 1790, institutive de la Cour de cassation, dispose qu'après la cassation de deux jugements rendus en dernier ressort, et un troisième jugement rendu dans le sens des décisions cassées par le tribunal de renvoi, la question ne pourra plus être agitée au tribunal de cassation, qu'elle n'ait été *soumise au Corps législatif*, qui en ce cas portera un décret *déclaratoire de la loi*...., décret auquel le tribunal de cassation sera tenu de conformer son jugement.

La Constitution de l'an VIII ne modifia point ce principe.

La loi du 16 septembre 1807, rendue sous le gouvernement impérial, et à une époque où le pouvoir exécutif annihilait, plus ou moins, tous les autres, dispose qu'il y a lieu à interprétation de la loi, si la Cour de cassation annulle deux arrêts ou jugements en dernier ressort, rendus dans la même affaire (art. 2). Cette interprétation est donnée *dans la forme des règlements d'administration publique.*

Cet état de choses dura jusqu'en 1828; on en était revenu alors aux principes constitutionnels. La loi du 30 juillet de cette année restitua au pouvoir législatif le droit d'interpréter.

L'économie de la loi de 1828 tend après la cassation successive de deux arrêts à renvoyer l'affaire à une Cour royale tenue de juger, toutes chambres assemblées.

L'arrêt de la Cour royale met fin au procès entre les parties. Puis l'art. 3 disposait : Dans la session législative qui suit le référé, *une loi interprétative est portée aux chambres.*

La loi de 1828 était simple et logique; le procès était terminé par le troisième arrêt de Cour royale; la cassation de deux premiers arrêts ne produisait d'autre conséquence que celle d'éveiller l'attention du législateur sur une loi obscure, ambiguë et contradictoire; le législateur devait immédiatement corriger ce que son œuvre avait d'imparfait.

Mais des susceptibilités hiérarchiques étaient froissées par la loi de 1828. Dès 1837, cette loi fut rapportée. M. le garde des sceaux de l'époque nous apprend dans son exposé des motifs : «Que ce système

‹ portait une grave atteinte à la Cour de cassation ; car elle était, pour
«ainsi dire, placée dans un état d'infériorité vis-à-vis des Cours royales.
«Ce n'était plus la Cour suprême qui fixait la jurisprudence ; ses ar-
«rêts n'étaient en quelque sorte que des consultations que les Cours
«royales pouvaient accepter ou refuser.»

En conséquence, la loi du 1er avril 1837 dispose (art. 2), que si le
deuxième arrêt ou jugement est cassé pour les mêmes motifs que le
premier, la Cour royale ou le tribunal auquel l'affaire est renvoyée se
conformera à la décision de la Cour de cassation sur le point de droit jugé
par cette Cour.

Et l'art. 3 porte : La Cour royale statuera en audience ordinaire, à
moins que la nature de l'affaire n'exige qu'elle soit jugée en audience
solennelle.

La loi de 1837 ne parle plus de l'interprétation législative ; elle
s'occupe exclusivement du sort d'un procès dont les arrêts ont subi
successivement deux cassations. Que doit devenir l'affaire dans ce cas ?
faut-il laisser à la Cour de renvoi la plénitude de son droit ? ou faut-il
obliger cette Cour de renvoi à s'incliner devant l'opinion deux fois
manifestée par la Cour suprême ? C'est à ce dernier parti que s'est
arrêté le législateur de 1837.

Il ne nous appartient pas de juger du mérite des lois qui nous régissent, et de peser les opinions divergentes qui, dans un laps de neuf
années, ont amené successivement deux lois sur la matière.

Ce que nous dirons en terminant cette première partie, c'est qu'il
est incontestable aujourd'hui, comme sous l'empire du Droit romain,
comme sous la monarchie antérieure à 1789, comme sous la période
de la monarchie constitutionnelle, que le droit d'interpréter la loi
n'appartient et ne peut appartenir qu'au pouvoir souverain [1].

---

1. Un pair (M. Villemain) avait demandé le maintien de la disposition de la loi
de 1828, portant : qu'en matière criminelle, correctionnelle ou de police, la Cour
royale à laquelle l'affaire avait été renvoyée par le deuxième arrêt de cassation ne

SECTION II.

§ 1er.

De l'interprétation authentique ou judiciaire.

L'interprétation authentique de la loi n'appartient qu'au pouvoir judiciaire.

Le pouvoir judiciaire a toujours été considéré comme une émanation du pouvoir exécutif, délégué à des fonctionnaires appelés juges et magistrats.

Les juges toutefois ne peuvent interpréter la loi qu'au point de vue des affaires contentieuses soumises à leur juridiction. Toute interprétation purement doctrinale, tout commentaire, toute application abstraite donnée à la loi par un corps judiciaire, non appelé à statuer sur une cause certaine, constituerait un abus de pouvoir. Si la loi défend (art. 5, C. c.) aux juges de prononcer par voie de disposition réglementaire sur les causes qui leur sont soumises, *a fortiori* défend-elle aux juges de publier un corps de doctrine ou une explication de la loi. Une œuvre semblable constituerait un empiétement sur les droits du souverain.

Le pouvoir judiciaire n'a pas le droit au surplus d'appliquer la loi

pouvait appliquer une peine plus grave que celle résultant de l'interprétation la plus favorable à l'accusé. «Je comprends très-bien, a dit M. le garde des sceaux, «ce qu'il peut y avoir de moral et d'indulgent dans cette manière de voir, mais la «vérité ne permet pas qu'on s'y arrête. Cela pouvait être sous l'empire de la loi «de 1828, qui, en définitive, faisait juger les Cours royales sans les exposer à un «contrôle quelconque; mais, dans le système de la nouvelle loi, on ne pourrait, «sans une contradiction manifeste, autoriser la Cour ou le tribunal de renvoi à «modifier l'interprétation de la Cour de cassation.»

dans toutes les difficultés auxquelles son exécution peut donner lieu. Des lois nombreuses établissent une ligne de démarcation entre le pouvoir judiciaire et l'autorité administrative.

S'il est permis de regretter que cette ligne de démarcation ne soit pas toujours tracée avec assez de précision, il n'en est pas moins certain que chacun des deux pouvoirs a une compétence limitée. Dès que l'une ou l'autre de ces juridictions sort de ses attributions et statue sur des cas qui ne lui sont point dévolus, la sentence rendue doit être annullée soit par la Cour de cassation, soit par le tribunal des conflits.

Ainsi en France, sous l'empire de notre Droit moderne, l'application de la loi fait-elle surgir une difficulté privée, la partie lésée doit porter son action devant le juge compétent. Ce juge statue sur le litige en interprétant et en appliquant la loi. C'est là la seule interprétation authentique que nous connaissions.

Les jurisconsultes les plus éminents, les Merlin, les Toullier, les Proudhon (pour ne citer que les noms de ceux qui ne sont plus), malgré le mérite immense de leurs ouvrages, n'ont, légalement parlant, aucun droit d'interpréter la loi : tandis que la sentence du plus modeste juge de paix constituera l'interprétation authentique de cette même loi. Les œuvres des premiers ne sont que des opinions ; la sentence du second est une force.

Mais cette force que nous reconnaissons à l'interprétation légale, renfermée dans une sentence quelle qu'elle soit, est-elle obligatoire pour tous les citoyens? Non. Un axiôme vulgaire dit énergiquement : *«que les arrêts sont bons pour ceux qui les obtiennent»;* cette vérité triviale est une vérité légale. Chaque question se présente tout entière au juge, et il lui appartient d'y statuer conformément à sa conscience et à ses lumières. En vain le point de droit soulevé par cette question aura-t-il reçu vingt solutions identiques de la part de la Cour de cassation ou de diverses Cours d'appel de la République, le juge sera parfaitement libre de statuer en sens contraire et de protester ainsi à lui tout seul contre une masse imposante d'autorités.

Mais, dira-t-on, il n'existe donc en France aucun corps de doctrine, aucune autorité qui puisse guider les citoyens. La loi, et la loi seule, avec ses règles générales et inflexibles, s'empare de toutes les difficultés et les jette sur un véritable lit de Procuste.

Non, cet état de choses n'existe point parmi nous : s'il est vrai que la seule autorité soit celle de la loi ; que le juge seul ait qualité pour l'interpréter et l'appliquer ; s'il est vrai encore que la décision du juge ne frappe que les parties et ne concerne que leurs intérêts privés, il est tout aussi certain que parmi nous, à côté de l'autorité légale, se rencontre l'autorité morale. Cette autorité morale, nous l'accordons, mais librement et volontairement aux décisions judiciaires qui se recommandent par la force et la logique de leurs motifs ; nous l'accordons encore aux œuvres de nos savants jurisconsultes. Mais ici tout rentre dans le domaine de la discussion ; le même arrêt qui constituait la vérité légale pour les parties plaidantes, peut n'être considéré que comme le fruit de l'erreur devant une autre juridiction où l'on invoquera cet arrêt à titre de précédent ; l'opinion de tel savant jurisconsulte fait en vain autorité à l'école, elle sera peut-être méconnue au palais.

Mais à la suite de ces conflits d'opinions, de ces discussions alimentées par une publicité incessante, la vérité finit par apparaître sur certains points. Les esprits les plus rebelles se rendent à cette influence purement morale. C'est ainsi que beaucoup de questions, autrefois vivement controversées, sont aujourd'hui retirées du domaine de la discussion. Nous pourrions citer, entre autres, celle relative à la validité des donations déguisées sous forme d'un contrat onéreux et beaucoup d'autres qu'une jurisprudence fixe et certaine, d'accord avec les auteurs les plus en renom, a définitivement tranchées. La jurisprudence remplace ainsi parmi nous le Droit prétorien des Romains, elle marche avec le siècle, s'accommode à des besoins modernes, et comprend des mœurs nouvelles. La jurisprudence puise dans la loi ces principes fixes et généraux qui ne varient pas avec le temps ; elle en déduit des conséquences applicables à des espèces que le législateur n'a pu prévoir; c'est ainsi que se forment une foule de règles nouvelles qui ne sont point la loi, sans doute, mais qui y suppléent et en constituent véritablement l'interprétation doctrinale.

§ II.

Quelles sont les règles d'interprétation que doit suivre le juge?

Si la loi était parfaite, on n'aurait pas à y déplorer des obscurités des ambiguités, et souvent des expressions impropres qui en rendent le véritable sens difficile et douteux. L'imperfection qui entache toute œuvre venant de l'homme a nécessité des règles spéciales d'interprétation, à l'effet de comprendre même l'œuvre du législateur.

La première de ces règles nous est donnée par le Droit romain (L. 24, *ff. de legibus*). *Incivile est, nisi tota lege perspecta, una aliqua particula ejus proposita, judicare vel respondere.*

Il faut d'abord lire toute la loi, en rapprocher les diverses parties les unes des autres, et se garder de prononcer à la vue d'un simple fragment.

Cette première besogne faite, il est utile de consulter l'époque à laquelle la loi a paru; l'étude de l'histoire doit toujours marcher de front avec l'étude du Droit. Jamais on ne connaîtra le véritable sens d'une loi, si l'on ignore dans quel temps, dans quelles circonstances elle a été promulguée, et quel but se proposait le législateur. *Scire leges non est earum verba, sed vim ac potestatem.* (L. 17, *ff. de legat.*).

Dans nos lois modernes nous rencontrons d'ordinaire un commentaire anticipé de l'exposé des motifs. Cet exposé peut être considéré comme un guide certain pour les lois purement civiles. Nous n'en dirons pas autant pour l'intelligence des lois politiques lors de la présentation desquelles la véritable pensée n'est pas toujours manifestée.

Une règle certaine encore, c'est qu'il ne faut pas changer un mode d'interprétation sanctionné par le temps. *Minime sunt mutanda quæ interpretationem certam semper habuerunt.* (L. 23, *ff. de leg.*)

On doit supposer que le véritable sens de la loi ait été connu, surtout à l'époque qui a suivi immédiatement sa promulgation. Lorsque ce sens a été adopté par l'usage et par la jurisprudence, il est téméraire de vouloir le changer et de prétendre mieux connaître la pensée du législateur de loin que de près. *Optime enim est legum interpres consuetudo.* (L. 37, *ff. de leg.*).

A moins de contrariété formelle et expresse entre la loi nouvelle et la loi ancienne, on doit interpréter la nouvelle au point de vue de l'ancienne. *Posteriores leges ad priores pertinent nisi contrariæ sunt.* (L. 28, *ff. de leg.*).

L'argument *a contrario sensu* n'est pas toujours concluant lorsqu'il s'agit d'interpréter une loi; la règle *inclusio unius est exclusio alterius* fait aussi défaut dans de nombreux cas.

CHAPITRE II.

SECTION PREMIÈRE.

DE L'INTERPRÉTATION GRAMMATICALE.

L'interprétation grammaticale nous procure une partie des moyens propres à découvrir le sens des préceptes de la loi. Mais qu'est-ce que la grammaire? Chez les Romains, la grammaire comprenait non-seulement les règles propres à la langue usuelle, à la littérature, ce que nous appelons grammaire, proprement dite, mais encore l'histoire, la rhétorique, etc. (Malbier de Chassat, § 9.)

Ils divisaient la grammaire en deux espèces :

1° La partie *philologique*, c'est-à-dire tout ce qui a pour objet l'authenticité des textes.

Pour reconnaître cette authenticité ; le philologue recherchait l'époque où ces textes avaient été écrits ; il réunissait les manuscrits qui remontaient le plus à cette époque, les comparait entre eux, les critiquait, et arrivait ainsi à son but. Il recherchait aussi la capacité des copistes, les différents genres d'écriture, les lacunes et les altérations.

2° La partie *technique*, qui comprend l'étymologie des expressions et leurs définitions.

Par l'étymologie, l'interprète ramènera les mots à leur signification propre, ce qui vaut toujours mieux qu'une définition.

Dans nos langues modernes, et surtout dans notre langue française, n'y a-t-il pas une foule de mots et d'expressions dont il nous faut rechercher l'étymologie, et cela non-seulement dans les langues latine et grecque, mais aussi dans celle des Germains. Au reste, c'est plutôt le travail du grammairien : le législateur n'enseigne pas, il commande.

Par les définitions, l'interprète s'attache à découvrir celles que les auteurs les plus en renom ont émises.

Les étymologies et les définitions sont de toute nécessité pour bien comprendre le sens et la portée des termes de la loi. Car rappelons-nous qu'indépendamment des expressions ordinaires de chaque langue, il existe nécessairement de ces mots techniques, auxquels les hommes supérieurs attachent une signification toute particulière. En effet, plus les faits dont une science doit s'occuper sont nombreux, plus loin elle étend les limites de son horizon, plus aussi la langue se complique, et plus la création des mots propres à représenter ces faits devient-elle nécessaire : on donne ainsi au langage une richesse qu'il ne possédait pas.

SECTION II.

DE L'INTERPRÉTATION LOGIQUE.

L'interprétation logique n'est autre chose que la recherche du sens de la loi dans ses *motifs,* ou bien encore c'est connaître l'idée du législateur, et arriver à cette connaissance par celle des motifs de la loi.

Les motifs de la loi sont l'ensemble de toutes les causes éloignées ou prochaines qui ont donné naissance à cette loi (Malhier de Chassat).

Il nous faut donc rechercher les sources par lesquelles nous arriverons à la connaissance de ces motifs.

L'art. 1161 du Code civil nous donne une première source, en disant : «Toutes les clauses des conventions s'interprètent les unes «par les autres, en donnant à chacune le sens qui résulte de l'acte «entier.» C'est donc, en d'autres termes, un rapprochement du texte à interpréter avec d'autres semblables, pour les comparer et y ajouter les règles ordinaires d'interprétation. C'est ensuite en formant un parallèle entre la loi à interpréter et celles existant dans la législation ancienne. On interprète les mots, en expliquant les termes obscurs, équivoques ou à double sens d'une loi, d'après le sens que le législateur a donné à ces termes ou à d'autres semblables pour exprimer une pensée identique, mais dans une aütre loi.

Enfin , c'est encore par les coutumes et usages existant au moment de l'interprétation de la loi qu'on peut en interpréter les sens. Or, il est reconnu que de tout temps les législateurs ont subi dans leurs lois les diverses influences provenant des usages déjà existants, et qu'ils furent non-seulement contraints de les laisser subsister concurremment avec la loi, mais que souvent ces usages l'emportaient sur elle.

Nous en voyons surtout la preuve en matière commerciale , où les usages avaient la prépondérance. Jadis, chaque ville commerçante chaque centre de population, avaient leurs us et coutumes, qui étaient si fort enracinés dans l'esprit des habitants, que les lois ne prévalurent que longtemps après.

Après avoir indiqué ces différentes sources des motifs de la loi ou principes généraux de l'interprétation logique, nous terminerons en expliquant divers autres principes concernant plus spécialement l'interprétation logique et adoptés par les jurisconsultes.

Nous entendons par là les interprétations déclarative, extensive et restrictive.

L'interprétation *déclarative* est l'explication du sens naturel et juridique de la loi.

On y a recours quand les termes de la loi sont équivoques ou obscurs, et quand l'interprétation grammaticale ne conduit pas l'interprète au but vers lequel il tendait. Par cette voie, il faut surtout s'attacher à l'intention du législateur, car là se trouve la loi.

Par l'interprétation *extensive*, nous voyons que la loi est applicable dans tous les cas, et même dans ceux où les dispositions de cette loi ne sont pas nettement exprimées.

Plusieurs auteurs, parmi lesquels nous citerons M. Malhier de Chassat, pensent qu'il y a similitude et identité entre les motifs des cas prévus par la loi et de ceux sur lesquels elle se tait. Aussi peut-on dire avec justesse : *Ubi eadem est legis ratio, ibi eadem esse dispositio.*

Cependant nous ferons remarquer qu'en thèse générale la loi ne doit pas être étendue d'un cas à un autre. En matière criminelle, la règle est absolue et n'admet aucune exception. En matière civile, il n'est pas interdit au juge de se décider par voie d'*analogie*.

Quant à ce qu'on appelle interprétation *restrictive*, la loi romaine posait ce principe : *Favores ampliandi, odiosa restringenda.* On applique souvent cette règle, par exemple, en matière de servitude. Dans le doute, on décide en faveur de la liberté des héritages, *odiosa restringenda.*

Enfin nous ajouterons une dernière observation. Le Code civil a consacré neuf articles (1156 à 1164) aux règles relatives à l'interprétation des conventions. Il ne s'est point occupé de l'interprétation de la loi. Ce silence se comprend. Il n'est pas de la dignité du législateur de prévoir les imperfections de son œuvre. La loi commande et ne donne point de conseils. L'interprétation est du domaine de la science et non pas de celui du législateur.

CHAPITRE III.

De l'application des lois civiles.

Le ministère du juge est d'appliquer la loi : esclave de la loi, le juge doit en respecter le texte et l'esprit. *Optima lex quæ minimum judici, optimus judex qui minimum sibi,* disait le chevalier Bacon.

En parlant de l'interprétation judiciaire, et en examinant les règles d'interprétation que le juge doit suivre, nous avons, par la force des choses, traité une partie de la question relative à l'application des lois civiles.

Il reste néanmoins encore un assez vaste champ à parcourir. Ainsi que doit faire le juge lorsque la loi garde le silence? Ce cas se présente souvent. Pour n'en citer qu'un des exemples les plus saillants, lorsqu'en 1807 le législateur s'occupa des assurances maritimes, il ne put traiter la matière si importante des assurances terrestres. Ce genre de contrat n'existait pas alors en France. Depuis une trentaine d'années, les assurances terrestres ont reçu un développement tel, que l'on peut affirmer, sans crainte d'être démenti, que c'est aujourd'hui parmi nous le contrat de l'usage le plus général et le plus fréquent. Nonobstant l'intérêt public et les nombreux intérêts privés qui sont engagés , nous ne rencontrons aucun texte de loi applicable au contrat d'assurances terrestres.

Comment nos tribunaux décident-ils les nombreux litiges que soulève cette matière non réglementée ? Ils appliquent, par voie d'analogie, les dispositions des assurances maritimes, puis ils se fondent sur les règles du droit commun, et cherchent, au besoin , le *ratio decidendi* dans ces notions d'équité qui sont de tous les temps, et desquelles surtout il est vrai de dire : *Eadem Romæ, eadem Athenis.*

Lorsque le contrat soumis au juge a été reçu en pays étranger, alors, conformément à la maxime *locus regit actum* , il faut appliquer à ce contrat la loi étrangère pour tout ce qui concerne la forme extérieure de l'acte. Quant à l'état et à la capacité des citoyens français engagés par ces mêmes contrats , la loi française doit être seule consultée (art. 3 , C. civ.; voyez aussi les art. 47, 170 et 999 du même Code).

Dans plusieurs textes , le Code civil renvoie aux usages locaux (voyez art. 1159 — 1160, 674, C. civ.) ; les usages ainsi conservés prennent la place de la loi, et le juge est tenu d'appliquer l'usage.

Parfois le législateur donne au juge une mission de conciliation ; ainsi, en matière de cours d'eau, l'art. 645 du Code civil veut que les tribunaux *concilient l'intérêt de l'agriculture avec le respect dû à la propriété.* Dans des cas semblables, le juge n'est plus un esclave de la loi , comme nous le disions, il ne doit plus prononcer en droit strict : il doit concilier les intérêts divers, et statuer *ex æquo et bono.*

En résumé sur cette matière :

1° Le juge applique les *lois de police et de sûreté* à tous ceux qui se trouvent sur le territoire français. Ces lois ont pour but de maintenir l'ordre et la sûreté publique ; par elles , tout étranger foulant le sol français est protégé et doit aussi se soumettre à ses exigences. Il n'y a d'exception que pour les envoyés des gouvernements étrangers et qu'un caractère officiel amène en France.

2° Le *statut personnel,* ou les lois personnelles proprement dites, suivent partout les citoyens français. Ces lois, qui régissent l'état et la propriété du citoyen, ne le quittent jamais. Ainsi, quel que soit l'âge auquel la loi étrangère aura fixé la majorité, pour le Français résidant à l'étranger, la majorité sera toujours acquise à l'âge de vingt-un ans.

D'après l'art. 331 du Code civil, une personne française peut être légitimée partout par mariage subséquent de ses père et mère, quand même ces derniers se seraient mariés en un pays où cette manière de légitimer n'est pas admise.

3° Le *statut réel*, ou les lois qui frappent les immeubles, régissent tout le territoire français, abstraction faite du détenteur du sol. Comme le disait Portalis : «La souveraineté est indivisible ; elle cesse- «rait de l'être, si les portions d'un même territoire pouvaient être «régies par des lois qui n'émaneraient pas d'un même souverain.» Il est nécessaire que les immeubles composant le sol d'un pays soient régis par les lois de ce pays, afin d'en conserver la nature. C'est en vue d'une pareille aliénation que notre Code a défendu qu'une femme étrangère mariée sous le régime dotal ne pourrait aliéner les immeubles dotaux qu'elle posséderait en France.

4° Quant aux lois relatives à la forme des actes, nous avons dit que le Code avait conservé la règle *locus regit actum,* ainsi que le prouvent plusieurs dispositions que nous avons citées.

JUS ROMANUM.

De interpretatione et applicatione legum.

PARS PRIMA.

Generalia.

I.

Constant omnes leges verbis et sententia[1]. Verba sunt, quibus lex quæquæ scripta est: sententia autem, quod lex ex scriptis sentire et velle intelligitur. Mens legis idem: ut, cum dicimus, verba legis captanda non esse, sed qua mente quid diceretur animadvertendum.

In legibus sententia totum facit. Non enim lex est quod scriptum est, sed quod legislator voluit, quod judicii suo probavit et recepit, et hac solum de causa leges nos tenent.

1. L. 6, § 1, ff. de V. S. — L. 3, C. ad leg. J. de adult.

F.   3

II.

Sententia a verbis discrepat dupliciter : aut quia augustior quam verba, aut quia latior. Augustior est, cum lex plus scripsit, minus voluit : latior est contra cum lex, minus scripsit, plus voluit.

III.

Recte præcipitur, ut cum ad legem aliquam ventum est, tota legatur et expendatur ; incivile esse, nisi tota lege perspecta una aliqua particula ejus proposita, judicare, vel respondere[1].

IV.

Placuit in omnibus rebus præcipuam esse justitiæ æquitatisque, quam stricti juris rationem. Quæ quidem sententia innumeris exemplis probatur. Jus ergo, æquitate suadente, temperare possumus et debemus, id est, ita jus retinere, ut tamen ii casus excipiantur, in quibus non videatur æquum verba servare.

V.

Non ex regula jus sumitur, sed ex jure quod est regula fit (L. 1, ff. de reg. jur.). Regula est, quæ rem, quæ est breviter enarrat.

VI.

Cun lege certi aliqui casus comprehensi sunt, si in aliqua causa sen-

1. L. 23, § 2 et 3 , ff. quod met. causa.

tentia eorum manifesta est, ea ad similia produci, ac secundum hoc in his jus dici debet. Item apud Ulpianum : «In casibus et rebus omissis verba cessant, sed sententia eo porrigenda est (L. 7, § 2, ff. de juris dictione).

VII.

Atque optimum illud præceptum :

Quod contra rationem juris receptum est, non est producendum ad consequentias[1] atque idem exprimere puto illam definitionem : «In his, quæ contra rationem juris constituta sunt, non possumus sequi regulam juris[2].»

PARS SECUNDA.

Specialia.

I.

Semper in obscuris quod minimum est sequimur, alias odiosa restringenda[3].

II.

Quando inter litigantes dubium fit, admittitur regula ubi onus est, ibi emolumentum esse debet[4]. Respondebat Paulus : «Secundum naturam est, commoda cujusque rei eum sequi, quem sequntur incommoda.»

1. L. 141, pr. ff. de reg. juris.
2. L. 15, ff. de legibus.
3. L. 9, ff. de reg. juris.
4. L. 10, ff. de reg. juris.

III.

In testamentis plenius volontates testantium interpretantur[1]. Ut testator scripsit, ita jus esto.

IV.

Quoties dubia interpretatio libertatis est secundam libertatem respondendum erit[2]. Jam in priore parte thesis nostræ, regula hæc posita est, servitute ad exemplum data.

V.

Non debet, cui plus licet, quod minus est non licere[3] gallice : *«qui peut le plus peut le moins.»* Non significat hæc propositio mandatorium præpositum ad venditionem fundi, fundum exempli gratia locare posse. Propositio nostra vera est quando agitur de jure proprio contrahentis. Sic qui dare potest, a fortiori vendere potest. Si venditionis jus tibi competit, a fortiori locationis jus, etc.

VI.

Plus cautionis in re est, quam in persona [4]. Verum est non solum quia sæpe amplius quam in his est, de facultatibus suis sperant homines, sed verum quia pignus nummorum locum tenet.

Cum te rogo nummos, sine pignora, non habeo, inquis.

1. L. 12, ff. de reg. juris.
2. L. 20, ff. de reg. juris.
3. L. 21, ff. de reg. juris.
4. L. 25, ff. de reg. juris.

Idem, si pro me spondet agellus, habes (Martial, XII, epig. 25.)

VII.

Quod initio vitiosum est, non potest tractu temporis convalescere[1]. Interpretari debet salvo præscriptionis jure. Confirmatur regula nostra cum dicimus, melius est non habere titulum quam habere vitiosum.

VIII.

In re obscura melius est favere repetitioni quam adventitio lucro[2]. Significat favendum esse ei qui certat de damno vitando, potiusquam illi qui certat de lucro captando. Junge, in paci causa meliorem esse conditionem possidentis.

IX.

Privatorum conventio jure publico non derogat[3]. De pactis et conventis reipublicæ aut bonis moribus contrariis non curare debet judex. Si duo de dolo malo fuerint contra se invicem non agent.

X.

Nemo plus juris ad alium transferre potest quam ipse habet[4].

1. L. 29, ff. de reg. juris.
2. L. 41, ff. de reg. juris.
3. L. 46, ff. de reg. juris.
4. L. 54, ff. de reg. juris.

XI.

Quotiens idem sermo duas sententias exprimit, ea potissimum accipiatur, quæ rei gerendæ aptior est[1].

XII.

Fraudis interpretatio semper in jure civili non ex eventu duntaxat, sed ex consilio quoque desideratur[2]. Fallat judex, qui in interpretatione fraudis eventum solum spectat; ut fraus agnoscatur, simul requirendum est eventus damni et consilium fraudis.

XIII.

In toto jure generi per speciem derogatur; et illud potissimum habetur quod ad speciem directum est[3]. Sic cum quæstio, de emptione et venditione, de locatione et conductione applicare debet judex venditionis et locationis regulas, non autem de obligationibus generales regulas.

Cæteroquin fallissima est ista regula : «Cessante legis ratione, cessat «lex ipsa.» Neque enim de eo restringenda erit lex, quod uni forte et alteri causæ, ad quam legis argumentum pertineat, ex singulari quidam aut hominum aut rerum conditione, non apte conveniat ratio legis; ac multo etiam minus insuper habenda est lex, cujus vel plane ignoratur ratio, vel vetustate abolita est. (Mühlenbruch, Doctrina Pandectarum, pars gen., § 65.)

1. L. 67, ff. de reg. juris.
2. L. 79, ff. de reg. juris.
3. L. 80, ff. de reg. juris.

XIV.

Posteriora prioribus derogant contrariis. Posteriores leges ad priores pertinent, nisi contrariæ sunt.

Inest hoc in legibus, ut cum de eorum interpretatione agitur, non
solum priores ex posterioribus, sed etiam posteriores ex prioribus et
interpretationem et temperamentum accipiant. De prioribus legibus
non dubitatur : hæ enim obnoxiæ sunt posteriorum legislatorum de-
cretis et constitutionibus qui cum potestate possint priores vel totas
abrogare, multo magis possunt corrigere ex parte, ex his excipere, atque his detrahere aliquid.

De posterioribus ipsis temperandis dubitatur. Cum enim non solum
hæ tempore posteriores sint, sed etiam posterior legislator priores, si
vellet mutare, novum videri potest, si dixerimus, posteriores leges
generales a prioribus, quæ in speciem ejusdem generis aliud statuant
et temperari debere [1].

XV.

Apud Romanos receptum est, leges non solum expressa, legislatoris
voluntate, sed etiam tacito consensu omnium per desuetudinem abro-
gari.

XVI.

In obscuris inspici solet, quod verisimilius est, aut quod plerum-
que fieri solet [2].

Quod dici potest de interpretatione et de applicatione legum, id est
breviter.

1. Hugo Donellus, lib. I, cap. 13, § 15.
2. L. 114, ff. de reg. juris.

Non litteræ inserviendum est, sed legis ratio ex æquitate exquirenda.

Juris romani fontes variæ sunt; sic ut recte interpretitur, lex necesse est :

1° Generales cognoscere regulas juris;

2° Jus antiquum;

3° Consuetudinem.

Rescripsit enim Severus consuetudinem legis vim obtinere in legum ambiguitatibus.

DROIT COMMERCIAL.

De la confusion des créances et des obligations résultant de la lettre de change.

La confusion définie d'une manière genérale est la réunion sur la même tête de qualités qui se combattent et se détruisent.

Celle dont il s'agit ici résulte du concours des qualités de créancier et de débiteur d'une même dette.

Ces qualités sont incompatibles, car on ne peut se devoir à soi-même.

Le Code civil porte, art. 1300 : «Lorsque les qualités de créancier «et de débiteur se réunissent dans la même personne, il se fait une «confusion de droit qui éteint les deux créances.»

Or, nous pouvons dire avec Pothier : *Non potest esse obligatio, sine persona obligata.*

Cependant il est à remarquer que le Code, en disant que la confusion éteint les deux créances, se sert d'une expression impropre. Car à la différence de la compensation qui éteint deux créances et deux dettes, la confusion n'éteint qu'une seule créance, et par conséquent, qu'une seule dette.

R.   4

La confusion est donc une voie de paiement. Elle s'opère dans plusieurs cas, comme nous chercherons à le prouver.

1° La confusion peut s'opérer entre le porteur et l'accepteur d'une lettre de change.

Pothier dit à ce sujet : «La créance que renferme la lettre de change peut aussi s'éteindre par la confusion, lorsque le propriétaire de la lettre de change est devenu héritier pur et simple de l'accepteur qui en est débiteur, ou *vice versa*, lorsque l'accepteur est devenu héritier pur et simple du propriétaire de la lettre de change, ou lorsqu'un tiers est devenu héritier pur et simple de l'un et de l'autre. Car tous les droits du défunt et ses qualités, soit de créancier, soit de débiteur de la lettre de change, passent en la personne de son héritier (Contr. de change, § 190).

Mais supposons que l'héritier ait accepté la succession sous bénéfice d'inventaire. Qu'arrivera-t-il dans ce cas? y aura-t-il encore confusion?

Non, ici plus de confusion, car les deux personnes du défunt et de l'héritier ne se confondant pas, restent par cela même entièrement distinctes, et l'art. 802 du Code civil nous dit expressément que «l'effet du bénéfice d'inventaire est de donner à l'héritier l'avantage, 1° de n'être tenu du paiement des dettes de la succession que jusqu'à concurrence de la valeur des biens qu'il a recueillis, etc.; 2° de ne pas confondre ses biens personnels avec ceux de la succession, et de conserver contre elle le droit de réclamer le paiement de ses créances.»

Pour reconnaître l'époque à laquelle la confusion s'opère, il suffit de nous rappeler le grand principe de la saisine légale, exprimé par l'ancienne maxime du Droit français, *le mort saisit le vif,* que le Code civil reproduit en l'art. 724 :

«Les héritiers légitimes seront saisis de plein droit des biens, droits «et actions du défunt, sous l'obligation d'acquitter toutes les charges «de la succession, etc.»

Ainsi, la confusion qui s'opère dès l'instant de cette mort, éteint la créance que la lettre de change renferme. Dès lors tout endossement de la lettre de change est nul, et regardé comme tel, car un droit qui est éteint, et qui n'existe plus, ne peut plus se transporter.

La confusion peut également s'opérer à d'autres titres qui rendent le créancier tenu de toutes les dettes du débiteur, ou seulement de celles dont il s'agit, comme, par exemple, s'il est son légataire ou donataire à titre universel ou particulier, ou son cessionnaire, et réciproquement, si le débiteur succède à quelque titre que ce soit aux droits du créancier (Thieriet, Cours de Droit commercial).

L'extinction de l'obligation principale de l'accepteur entraîne nécesssairement celle de tous les garants.

Mais quand il y a confusion en la personne de l'accepteur, la lettre de change est-elle éteinte?

Nous devons ici faire la différence entre ceux qui sont porteurs de bonne foi et ceux qui ont eu connaissance de la confusion.

Dans le premier cas, la réponse est affirmative, tandis que pour le second elle est négative.

Si le propriétaire de la lettre de change, depuis la mort de l'accepteur dont il n'a pas encore connaissance, et dans l'ignorance où il est que, par cette mort, il est devenu héritier de l'accepteur, a endossé la lettre de change au profit de Pierre, qui lui en a donné la valeur, l'endossement est nul; car Pierre a en ce cas, *condictione sine causa*, la répétition de ce qu'il a payé à son endosseur, comme l'ayant payé par erreur, et sans cause pour le prix d'un endossement nul (Poth., Contr. de change, § 192).

Ainsi, il faut décider que le nouveau porteur de la lettre dont il ignore l'extinction, peut exiger le paiement, et en cas de refus, exercer tous ses droits contre les garants qui sont également retombés sous les lois de leurs obligations (M. Th., C. c.).

La confusion qui s'opère dans la personne d'un débiteur solidaire ne profite à ses codébiteurs solidaires que pour la part dont il était tenu dans la dette.

Ainsi, je suppose trois personnes qui sont solidairement obligées;

toutes ont un égal intérêt dans la dette; l'une succède au créancier : elle n'aura d'action contre chacune des deux autres que pour les deux tiers, et la confusion aura lieu pour l'autre tiers.

Quid, si l'un des codébiteurs succède à l'autre? Dans ce cas, il n'y aura pas de confusion : le codébiteur héritier sera tenu d'une double part de la dette.

Qu'arrive-t-il quand la confusion s'est opérée par voie d'endossement conférée à l'ordre de l'accepteur, lequel endosserait ensuite la lettre?

Il faut remarquer que, dans ce cas, les tiers ne seraient plus de bonne foi envers les garants, car ils auraient été avertis par ces deux endossements; ils n'auraient alors d'action que contre l'accepteur qui a endossé l'effet.

La confusion peut aussi s'opérer entre le porteur et le tireur, quand l'un d'eux succède aux droits de l'autre.

En outre, quand la provision a été fournie ou non à l'accepteur, la confusion qui a lieu du porteur avec le tireur a toujours pour effet de libérer tous leurs endosseurs; car le porteur, succédant au tireur, réunit en sa personne les qualités de ce dernier, deviendra garant des divers endosseurs, et ne pourra plus, par conséquent, avoir d'action contre eux.

Quid, si la confusion s'opère entre le porteur et son endosseur immédiat ?

Cette confusion ne donne lieu qu'à l'extinction de l'obligation particulière qui avait été contractée par cet endosseur envers le porteur de la lettre de change, et de l'action qui aurait pu en résulter. Mais la lettre de change subsiste contre l'accepteur et les autres endosseurs, et contre le tireur.

L'art. 1301 du Code civil porte que la confusion qui s'opère dans la personne du débiteur principal profite à ses cautions; celle qui s'opère dans la personne de la caution n'entraîne pas l'extinction de l'obligation principale : nous l'avons démontré plus haut. Ceci nous amène à parler d'un dernier cas. C'est quand la confusion s'accomplit entre le donneur d'aval et une caution.

Les art. 120, 151 et 152 du Code de commerce portent une demande de cautionnement sur la notification du protêt, faute d'acceptation donnée par les endosseurs et le tireur, et quand la lettre de change revêtue de l'acceptation est perdue.

Dans ce cas, l'obligation résultant du contrat accessoire de cautionnement est seule anéantie; les autres continuent de subsister.

Tels sont les différents cas de confusion qui nous ont paru les plus fréquents et les plus propres à être cités. La difficulté de la matière, et surtout la rareté des cas de confusion, peuvent seules être cause de l'oubli de quelques-uns d'entre eux.

J'ajouterai, en terminant, que, si le Code civil a placé la confusion parmi les différents modes d'extinction des obligations et des créances, en réalité elle n'est pas un paiement. Elle ne fait que décharger la personne du débiteur, plutôt qu'elle n'éteint la dette : il y a seulement incompatibilité accidentelle.

Vu par nous, président de la thèse, RAUTER.

www.ingramcontent.com/pod-product-compliance
Ingram Content Group UK Ltd.
Pitfield, Milton Keynes, MK11 3LW, UK
UKHW021026120726
13693UKWH00005B/2221